AF262338

LA VÉRITÉ

SUR LES OPÉRATIONS

DE

L'ASSEMBLÉE ÉLECTORALE

DU

DÉPARTEMENT DES DEUX-NÈTHES,

Séante au local des ci - devant Carmes-Déchaussés, à Anvers.

LA VÉRITÉ

*Sur les Opérations de l'*ASSEMBLÉE ÉLEC-TORALE *du Département des Deux-Nèthes, séante au local des ci - devant Carmes - Déchaussés , à Anvers.*

Paris, le 12 Prairial , au V de la république, une et indivisible.

Nous avons lu attentivement le rapport du représentant du peuple Jubié ,(de l'Isère) au conseil des cinq cents , sur les opérations de l'assemblée électorale du département des Deux-Nèthes. Nous devons à la vérité , à nos commettans , de dire qu'il contient des inexactitudes innombrables , sur lesquelles il faut que la religion du conseil soit éclairée. L'exposé simple des faits suffira pour y parvenir. Nous suivrons pas à pas le rapporteur. Il eût été à desirer qu'il eût porté une attention scrupuleuse sur les procès-verbaux de l'une et l'autre assemblée ; il eût pu se convaincre , à la seule lecture , au seul examen des faits , que les opérations de l'assemblée, séante *aux Carmes*, étaient conformes au vœu de la loi, et que celles de l'assemblée séante à l'auberge de l'*Ours* n'avaient pas le caractère de légalité dont on veut bien la revêtir.

En effet, le citoyen Frison n'a point et n'a pu, comme le porte le premier paragraphe du rapport, requérir le dépôt, sur le bureau, des pouvoirs des électeurs de chaque canton. Quelle autorité a pu déterminer, à cet égard, l'assertion du rapporteur? Existe-t-il un procès-verbal qui le constate? D'ailleurs le secrétaire d'une assemblée électorale n'est qu'un être purement passif ; il est, plus qu'aucun membre, soumis aux délibérations de l'assemblée ; il n'est et ne peut être que l'organe du bureau, et le bureau lui-même n'est que l'organe de l'assemblée.

Il conste au procès-verbal de l'assemblée électorale du 21 germinal an 5, que le citoyen Frison (que le rapporteur qualifie très-mal à propos de secrétaire provisoire) n'a dans la séance du 20 *rien écrit en cette qualité* ; il conste au contraire, que, de concert avec les autres électeurs légalement nommés , *il a protesté* contre tout ce qu'avaient voulu faire *les étrangers qui se prétendaient électeurs ; donc il n'a pu prendre des notes et rédiger de procès-verbal.* On observera que le bureau de l'assemblée *ne pouvait être définitivement organisé.*

Ici se présente une contradiction frappante qui n'échappera point au conseil. Le citoyen Frison est accusé *d'avoir emporté les notes nécessaires à la rédaction du procès-verbal de la séance du 20.* Cet aveu prouve deux circonstances bien essentielles. La première, qu'il n'y avait point de procès-verbal, puisqu'il n'est question que *de notes confiées au citoyen Frison* ; et la seconde , qu'il n'a pu y avoir d'organisation de bureau définitif.

Le rapporteur dit *que la légalité fut si bien imprimée aux opérations de l'assemblée , que le commissaire du directoire exécutif , près l'administration centrale du département , adressa le même jour , à son domicile , au citoyen Vanpraet , président définitif , les lois et instructions nécessaires.* Cette allégation tombe d'elle-même , au simple vu de la lettre de ce commissaire , adressée , non au *citoyen Vanpraet* , mais bien *au président de l'assemblée électorale*; et quoique les citoyens Gambier et de Bekker l'aient, à notre grand avantage, inséré dans leur *factum*, nous allons le rappeler ici.

Anvers, le 20 germinal, an 5 de la république, une et indivisible.

Lettre du commissaire du directoire exécutif près l'administration centrale du département des Deux-Nèthes, au président de l'assemblée électorale, à Anvers.

« Citoyen président,

« Je vous envoie ci-joints, trente-six exemplaires de la loi du 5 ventôse, trois du bulletin 114, dix listes des membres qui doivent sortir des deux conseils, et quatre tableaux des membres des deux conseils à nommer, qui m'ont été envoyés par le gouvernement pour être remis à l'assemblée électorale. Je vous prie de m'en accuser la réception.

« Salut et fraternité,

« *Signé*, B R U S L É. »

D'ailleurs, le commissaire du pouvoir exécutif, qui nécessairement ignorait le nom du président de l'assemblée, ne pouvait l'adresser nominativement au citoyen Vanpraet. Le nom de ce citoyen n'est donc qu'une adjonction volontaire.

La lettre suivante du commissaire du directoire exécutif, en date du 21 germinal, adressée au citoyen Vanpraet, *prenant la qualité de président de l'assemblée électorale*, prouvera suffisamment que la première ne lui était pas destinée.

Anvers, 21 germinal, an 5 de la république.

Réponse du commissaire du directoire exécutif près l'administration du département des Deux-Nèthes, au citoyen Vanpraet, prenant la qualité de président définitif de l'assemblée électorale du département des Deux-Nèthes.

« Citoyen,

« La constitution m'interdit de prononcer sur la validité des opérations électorales ; je ne puis donc vous refuser, ni reconnaître la qualité que vous prenez dans votre lettre.

Vous me demandez de requérir le commandant de la place de mettre à votre disposition la force armée suffisante pour protéger vos séances. Vous savez que le droit de réquisition n'appartient qu'à l'administration centrale ; c'est à elle que vous devez vous adresser, pour obtenir la force armée que vous réclamez. Dans ce moment, l'administration centrale n'est point en séance ; je n'ai pas le droit de la convoquer ; c'est à son président qu'il appartient, et que vous devez vous adresser, si vous croyez que l'affaire soit tellement instante, que la décision ne puisse se remettre à demain matin neuf heures. Je transmets, de mon côté, officiellement, au président de l'administration, les pièces que vous m'avez remises, avec un réquisitoire, pour qu'il les soumette à la délibération de l'administration.

« Salut et fraternité,

« *Signé*, BRUSLÉ. »

Si l'on en croit le rapporteur, *c'est le citoyen Frison qui, avec la minorité, a sollicité et obtenu la force armée* qui devait être à la disposition de l'assemblée électorale. Voici textuellement la lettre des électeurs légalement élus, adressée le 20 à l'administration centrale , et sur laquelle intervint l'arrêté faisant suite.

Extrait du registre aux arrêtés de l'administration centrale du département des Deux-Nèthes.

« L'administration centrale du département des Deux-Nèthes , ayant vu et examiné la pétition dont la teneur suit :

A l'administration centrale du département des Deux-Nèthes.

« Citoyens administrateurs ,

« Les soussignés électeurs , nommés légalement par les assemblées primaires , convoquées en vertu de votre arrêté du 25 ventôse dernier , vous exposent, qu'ils se sont assemblés aujourd'hui , au ci-devant local des Carmes-Déchaussés , conformément aux dispositions de votre arrêté du 10 germinal ; qu'aussitôt l'entrée des soussignés dans le local de leurs séances , ils se sont aperçus qu'une foule d'intrus, se qualifiant électeurs, s'était glissée dans le local des séances de l'assemblée électorale. Mais les soussignés, ignorant et le nombre et les cantons par lesquels ces individus étaient députés électeurs, ont cru de leur prudence de n'ouvrir aucune discussion à leur sujet, avant la formation du bureau et l'appel nominal qui l'a précédée ; ils ont vu alors que Malines avait nommé douze électeurs, Turnhout quatre, Boom huit, et ainsi de suite ; savoir, dans les assemblées illégalement convoquées par les municipalités, les 18 et 19 de ce mois. Ces intrus, qui forment la grande majorité contre les électeurs légaux, ont formé le bureau, et il deviendrait illusoire et nul d'entamer aucune discussion avec ces Messieurs, relative aux pouvoirs et aux droits de voter; car il est de fait, que cette majorité déciderait qu'ils peuvent être juges dans leur propre cause. Or, Citoyens, d'après cet exposé, vous sentez qu'il serait ridicule pour nous, de nous mesurer avec cette cabale liberticide; en conséquence nous vous invitons, afin de pouvoir commencer légalement nos opérations, à vouloir nous assigner de suite un local, par exemple, celui des ci-devant Cordeliers, pour y tenir nos séances ; à nous y procurer une garde de cinquante hommes à pied et de dix cavaliers ; à donner ordre au concierge des Carmes-Déchaussés de n'ouvrir à personne le local ci-devant destiné à nos assemblées, et enfin de nous protéger par l'exécution ferme des lois, contre toutes les insultes que prétendraient faire à l'assemblée électorale les ennemis de l'ordre et du gouvernement. Il nous appartiendra alors de répondre de la police intérieure.

« Votre zèle pour le maintien de l'ordre, de la tranquillité et l'affermissement de la république, ainsi que votre profond respect pour la souveraineté du peuple et de ses organes momentanées, nous sont un sûr garant de la prompte décision que vous prendrez sur cet objet important.

« Salut et fraternité. Étaient signés la majorité des électeurs légaux, au nom de tous, formant l'assemblée électorale du département des Deux-Nèthes ; Charles Dor, électeur d'Anvers ; A. J. Frison, électeur d'Anvers ; J. B. Lenoir , électeur de Wavre Sainte-Catherine ; F. Vannoten , électeur de Sainte-Catherine Wavre , F. J. Lambrechts fils , électeur d'Anvers ; J. Vanhoorebeck , électeur de Berchem ; J. Brants , électeur de Santhoven ; Lamot , électeur pour Wille-brouk.

« Le commissaire du directoire exécutif entendu , l'administration centrale déclare , que par son arrêté du 10 germinal , elle n'a entendu assigner le local des Carmes-Déchaussés pour la tenue de l'assemblée électorale , qu'aux seuls électeurs nommés par les assemblées primaires qui ont été indiquées par l'arrêté du 25 ventôse dernier , conformément aux extraits des registres civiques envoyés par les municipalités de cantons , et qu'en conséquence , lorsque lesdits électeurs se seront constitués en assemblée électorale dans le susdit lieu , l'administration fera droit à leur demande , relative à une force armée suffisante pour faire respecter la liberté de leurs opérations. Fait en séance à Anvers , le 20 germinal , an 5 de la république. Présens les citoyens de Haan , faisant les fonctions de président ; J. Solvyns , Billotey , A. P. de Moor , administrateurs ; Bruslé , commissaire du directoire exécutif.

« Pour copie conforme.

« Par l'administration centrale du département des Deux-Nèthes.

« *Le secrétaire-général*, AUBERT. »

Ces deux pièces, qui sont de quelque importance, sont passées sous silence dans le rapport.

On dit que les électeurs se sont emparés du local. Cette imputation est gratuite. L'administration centrale avait indiqué le couvent des ci-devant Carmes - Déchaussés , à Anvers, pour la tenue de l'assemblée ; en se rendant ailleurs , les électeurs auraient commis une infraction à l'arrêté du département. On ne peut nier qu'ils ne se soient, sous ce rapport , exactement conformés aux dispositions qu'il prescrit.

On ajoute que l'entrée de l'assemblée électorale était interdite à tous ceux qui n'avaient pas à présenter un cachet au chiffre du citoyen Frison. Ici nous attestons qui que ce soit de garantir la vérité de ce fait. A-t-on exhibé au rapporteur le cachet au chiffre indiqué ? Nous nous contenterons d'affirmer que ce cachet, dont on prétend se faire une arme, pour protéger des actes illégaux, n'a jamais existé que dans l'imagination des citoyens Gambier et Bekker. D'ailleurs, dans toutes les assemblées politiques, il est de la prudence que toutes les mesures convenables soient prises pour éviter que des individus sans caractère s'y introduisent. Où donc serait la faute quand, pour entrer à l'assemblée séante aux Carmes, le chiffre du citoyen Frison eût servi de cachet ?

Qu'on lise l'extrait suivant du procès-verbal de cette assemblée, et l'on pourra se convaincre qu'il n'a jamais été dans son intention d'exclure de son sein quiconque avait à présenter des pouvoirs authentiques.

Extrait du procès-verbal de la séance du 21 germinal, an 5.

« Après des propositions faites, l'assem-
« blée déclare qu'elle accueillera et recevra

« les réclamations *individuelles* ; soit par
« écrit ou en personne, des citoyens qui
« se prétendraient électeurs ; mais qu'elle
« ne décidera jamais sur des réclamations
« qui se feraient, ou en masse, ou par
« députation. Elle arrête, en conséquence,
« que la présente déclaration sera affichée
« à la porte extérieure du local de cette
« assemblée, afin que personne n'en pré-
« texte cause d'ignorance. »

On doit s'étonner de ce que le rapporteur
n'ait *pas vu* dans le procès-verbal de l'assemblée l'extrait que nous venons de citer.

On assure que des menaces, des insultes
même ont été faites aux citoyens qui, se pré-
tendant électeurs, voulaient se présenter à
l'assenblée ; les citoyens Gambier et Bekker
auraient beaucoup fait, s'ils avaient justifié
par des preuves en forme cette assertion.

On objecte l'absence des citoyens Terdie,
Claessens, Gillis et Vanhoorenbeeck ; quelques inductions que l'on ait pu en tirer, la
plus vraie, et nous pourrions la prouver
au besoin, c'est que les trois premiers ont
été détenus à l'auberge de l'Ours, afin de

les empêcher de revenir à l'assemblée électorale.

Nous admirons la logique du rapporteur
dans les éloges qu'il donne au désintéresse-
ment des citoyens composant la réunion de
l'Ours ; nous trouvons, quoi qu'il en dise,
qu'ils ne se sont pas oubliés dans la distri-
bution des places qu'ils prétendoient avoir
à nomination. Par exemple, le canton de
Malines compte neuf citoyens *subitement* éle-
vés à des fonctions publiques : on voit, au
contraire, que l'assemblée électorale, séante
aux Carmes, n'a honoré de ses suffrages que
cinq de ses membres ; les citoyens Devillers,
Charles Dor, Lamot, Lambrechts et Frison ;
le nombre s'en trouve porté à huit dans le
rapport : c'est une inexactitude puérile,
à la verité, mais que nous avons cru devoir
relever.

Nous arrivons enfin à la cause qui pro-
duisit deux assemblées électorales dans le
département des Deux-Nèthes ; c'est ici que
nous invoquons l'attention particulière du
conseil.

Le rapporteur établit, 1°. que l'inscription civique n'était point nécessaire pour être admis dans les assemblées primaires ; 2°. qu'il y a eu scission dans le corps électoral. Nous répondrons, au premier chef, que, quoique l'instruction du 5 ventose ne pose pas la négative à cet égard, il est permis de croire que cette inscription n'était pas moins conforme aux dispositions qu'elle présente ; nous appuierons ce raisonnement de faits connus : plusieurs administrations des départemens réunis, entre autres, celles de la Dyle et de la Meuse - Inférieure ont formellement arrêté que les registres d'inscription civique serviraient à constater le nombre des citoyens ayant droit de voter ; nous dirons encore que le ministre de l'intérieur a eu l'opinion que cette inscription était de rigueur.

Si donc ces départemens ont été assujettis à cette forme conservatrice des droits de citoyen, comment se fait-il qu'il n'y ait pas eu, dans ces mêmes départemens, de nouvelles convocations d'assemblées primaires, lorsque les fonctions de celles convoquées le premier germinal étaient terminées ? Le département des deux Nèthes a seul donné l'exemple de cette bigarrure, que l'on veut revêtir de couleurs légales ; mais pour établir le contraire il suffira de rappeler que, conformément à la constitution, les assemblées primaires, dans toute l'étendue de la république, ne pouvaient avoir qu'une session déterminée, à partir du premier germinal au 20 ; nous ne craignons pas d'être contredits sur cet article : ce principe établi suppose-t-il qu'à deux époques différentes il puisse y avoir de nouvelles convocations? C'est la constitution qui va répondre :

Art. 27. « Elles s'assemblent de plein droit le 1er germinal de chaque année, et procèdent, selon qu'il y a lieu, à la nomination,

1°. « Des membres de l'assemblée électorale ;

2°. « Du juge de paix et de ses assesseurs ;

3°. « Du président de l'administration municipale du canton, ou des officiers municipaux dans les communes au dessus de cinq mille habitans. »

Eh bien ! ce principe a été méconnu, violé dans le département des Deux-Nèthes. De nouvelles réunions, qui se sont qualifiées assemblées primaires, ont été convoquées postérieurement, à la dissolution de celles qui s'étaient ouvertes le premier germinal ; nous citerons les communes de Malines, Boom et Turnhout, qui ont donné l'exemple de ce phénomène ; et voilà la véritable cause des deux assemblées électorales dans ce département.

On avait eu l'art de surprendre à la réligion de l'administration centrale un arrêté qui, sur les réclamations de quelques citoyens, autorisait ces réunions vraiment extraordinaires ; cet arrêté néanmoins indiquait, par une disposition spéciale, le recours au corps législatif pour juger la validité des opérations de ces *nouvelles assemblées* : cette restriction prouve à l'évidence que l'administration centrale n'y reconnaissait pas le caractère de validité ordonné par la constitution ; aussi le ministre de l'intérieur, par sa lettre du 4 floréal que nous allons littéralement transcrire, annonce-t-il que cette opération ne pouvait être valide aux yeux de la loi.

Paris, le 4 floréal, an 5 de la république , une et indivisible.

Le ministre de l'intérieur à l'administration du département des Deux-Néthes.

« Le commissaire du pouvoir exécutif m'a envoyé , citoyens, un extrait de votre arrêté du 18 germinal dernier, portant autorisation aux citoyens des cantons qui , ne s'étant pas fait inscrire sur le registre civique , n'ont point participé aux assemblées primaires , de se réunir en de nouvelles assemblées primaires. Il eût été à desirer , citoyens, que vous pénétrant de l'esprit de l'article 8 de l'acte constitutionnel et des dispositions de la loi du 3 ventôse , vous eussiez prévenu les administrations municipales de votre arrondissement que le tableau des citoyens ayant droit de voter se composait, pour cette année, des noms de tous ceux qui réunissent les conditions prescrites par la constitution, quand même ils ne se seraient pas présentés pour se faire inscrire sur le registre civique ; mais puisque la chose n'a pas été faite ainsi ,

que les élections sont consommées et les assemblées primaires dissoutes, il serait incon-
venant d'autoriser les réclamans à se former
en de nouvelles assemblées primaires, d'au-
tant mieux qu'il était en leur pouvoir de se
présenter à celles qui ont été tenues, et d'y
faire valoir leurs droits. Les doubles élections qui en seraient le fruit, produiraient
d'ailleurs un mal peut - être beaucoup plus
grand que celui que vous avez cherché à
éviter. Ainsi, je vous invite à rapporter cet
arrêté en dirigeant votre conduite sur ce
principe : *Que là où une assemblée primaire a
eu lieu, il n'en peut plus être convoqué d'autres
qu'en vertu d'une loi expresse.*

« Salut et fraternité.

« *Signé*, BENEZECH. »

L'administration, invitée par le ministre à
rapporter son arrêté, n'avait pas attendu
jusques-là pour revenir de l'erreur dans laquelle on l'avait plongée; car dès le 22 germinal elle prit une délibération expresse,
tendante à paralyser et annuller de fait son

arrêté du 18 : voilà des faits qu'on ne peut révoquer en doute.

Il est donc évident qu'il y a eu des assemblées primaires de deux créations, de là double nomination d'électeurs, et de suite deux corps électoraux ; il est facile de reconnaître que ce n'est point là une scission. On voit d'une part des électeurs légalement nommés par tel ou tel canton, (Malines, par exemple.) A ceux-ci en succèdent d'autres, qui ne sont que le résultat des opérations de secondes assemblées : on ne peut supposer que la constitution admette ces derniers, puisqu'elle proscrit la double représentation qui sort d'une assemblée du peuple pour en former une autre. Si des citoyens, non inscrits sur le registre civique, ont été rejetés du sein des assemblées primaires, ouvertes le premier germinal, doit - on inférer de cette non observance, sinon de la loi, au moins des devoirs civiques, qu'il ait fallu que de nouvelles assemblées primaires eussent lieu pour que ces citoyens ne perdissent pas l'exercice de leurs droits ? Non sans doute ; le peuple s'était réuni, sa session était terminée, et l'on ne peut voir qu'un schisme scandaleux là où une fraction de ce peuple se réunit de nouveau pour faire des choix déjà consommés; et voilà, comme nous l'avons annoncé, la cause productrice de deux assemblées électorales.

Nous avons dit que l'administration centrale avait indiqué le local des ci - devant Carmes , pour la réunion de l'assemblée ; les électeurs de première nomination se rendirent tous dans ce lieu : là on reconnut aisément que le nombre en était beaucoup plus considérable qu'il ne devait l'être effectivement. Le canton de Malines était représenté par treize électeurs , au lieu de deux; que conclure de là? Qu'il y avait nécessairement des nominations illégales. Dans cet état de choses le corps électoral , jaloux de suivre scrupuleusement la constitution et les lois , et d'imprimer à ses opérations la touche légale prescrite par elles, publia, dès sa seconde séance , l'invitation déjà rapportée dans ce mémoire ; c'était aux citoyens qui se prétendaient électeurs à se présenter individuellement, ainsi qu'ils y étaient engagés , pour qu'on procédât à la vérification de leurs pouvoirs. Qu'avaient - ils à craindre de cette formalité protectrice ? Loin de s'y soumettre, et jaloux de jouir du pouvoir , qui visiblement leur échappait , ces prétendus électeurs allèrent s'installer dans une auberge , qu'ils décorèrent du nom de siége de l'assemblée électorale ; et là , se mettant à la place du corps électoral constitué , ils nommèrent , pour le département des Deux-Nèthes , des représentans , des administrateurs et des juges : voilà l'exacte vérité.

On a faussement annoncé que les citoyens Villers et Jeoffroy s'étaient refusés à l'acceptation de la qualité d'électeurs du canton de Malines. Ces deux citoyens ont assisté aux séances du corps électoral jusqu'à leur clôture. On trouve étonnant que le corps électoral n'ait voulu admettre dans son sein , sur huit électeurs du canton de Boom, que le citoyen Thomas. La réponse est simple ; le citoyen Thomas, nommé par la première assemblée primaire , présentait un pouvoir légal ; les autres , nommés par les secondes assemblées, n'en avaient aucun aux yeux du corps électoral. On pourrait renvoyer, pour l'explication de ce fait, à la lecture des procès-verbaux de la première assemblée primaire du canton de Boom, si le citoyen Bekker n'était violemment soupçonné de les avoir livrés aux flammes : toujours est - il certain qu'ils sont disparus.

Le mémoire des citoyens Gambier et Bekker, sur lequel paraît basé le rapport du représentant du peuple Jubié, présente à chaque page des contrariétés, des faits obscurs, mal interprétés ou faux. Nous croyons avoir justifié toutes nos assertions, en les appuyant de circonstances et de citations irréfragables. Comment se fait - il qu'on ait ajouté foi entière à la conduite de l'assemblée de l'auberge de l'Ours, et que celle du corps électoral des Carmes soit à chaque instant flétrie du soupçon de partialité et d'intrigue ? Nous aimons à croire que le corps législatif appréciera justement l'une et l'autre, et que dans cette circonstance, comme dans toute autre, il sera loin de donner quelque chose à l'esprit de parti.

Venons maintenant à quelques citations particulières, peu importantes à la vérité, mais que l'on ne peut se dispenser d'éclaircir, puisqu'elles émanent de fausses interprétations.

Le citoyen Frison, dit le rapporteur, a exercé les fonctions d'accusateur public près le tribunal criminel de Bruxelles. Que signifie cette personnalité ? et que veut-on en conclure ? Nous ignorions que remplir un emploi difficile dans des circonstances plus difficiles encore, fût un crime aux yeux du citoyen *Jubié*. Oui, le citoyen Frison a été accusateur public près le tribunal criminel de Bruxelles ; il se glorifie d'avoir obtenu et justifié dans cette place honorable la confiance du gouvernement ; il s'enorgueillit d'avoir, par l'exercice de cette fonction, mérité, à l'avance, le titre de citoyen français, dont alors on n'osait presque pas se décorer. Au reste, ce n'était pas sur un pas rétrograde vers la révolution que devait se porter l'attention du citoyen Jubié ; c'était tout bonnement sur la question de savoir si l'assemblée électorale du département des

Deux-Nèthes avait légalement opéré, et il est difficile de concevoir pourquoi, lorsqu'il s'agit de discuter impartialement des faits et de chercher la vérité, l'on s'égare en digressions étrangères, propres uniquement à épaissir les ténèbres déjà dirigées par des mains intéressées, et à faire triompher l'esprit de parti. Nous éviterons ce scandale; nous avons parlé de tous les événemens qui ont donné lieu à la contestation, dont l'objet est soumis à la délibération du conseil. Nous avons apporté des preuves ; c'est au corps législatif à peser dans sa sagesse si nous sommes des élus du peuple ou des réprouvés.

Déjà la cause de l'assemblée électorale du département des Deux-Nèthes a été favorablement préjugée ; qu'importe l'opposition importune d'un citoyen *Félix*, commandant de la place à Anvers, lorsque des décisions ministérielles sont mises sous les yeux du conseil ? Nous avons cité diverses parties de la correspondance du ministre de l'intérieur, nous n'y reviendrons pas ; celle qui suit n'est pas moins authentique.

Ce n'est pas le tribunal des Deux-Nèthes, citoyen rapporteur, qui a refusé de reconnaître les juges nommés par l'assemblée des Carmes, mais bien le citoyen *Carion* seul, qui, mécontent de n'avoir été nommé que simple juge d'un côté, tandis qu'il était continué dans sa fonction de président du tribunal criminel par l'autre, a cru mieux servir son intérêt personnel, en soutenant le parti qui lui procurait la nomination la plus avantageuse.

Le tribunal civil du département des Deux-Nèthes a respecté les nominations faites par l'assemblée des Carmes; on peut s'en convaincre chez le ministre de la justice, qui a reçu les procès-verbaux de son installation. Depuis le 15 floréal ce tribunal est en fonctions.

Nous ajouterons que l'administration centrale elle-même, et le commissaire du pouvoir exécutif placé près d'elle, ont aussi, chacun en ce qui les concerne, manifesté une opinion diamétralement opposée aux prétentions de la réunion de l'Ours; il est prouvé

que cette administration lui a refusé la force
armée qu'elle prétendait avoir droit de requérir, et que les procès-verbaux des séances
de cette réunion n'ont pas été reçus aux
archives du département, mais envoyés purement et simplement au ministre de l'intérieur, sur son invitation.

Nous finirons par dénoncer une infraction manifeste de la constitution, art. 27,
laquelle a eu lieu dans l'assemblée primaire
à Turnhout, qui aussi a eu deux assemblées
primaires ; la première a commencé ses opérations par l'élection du juge de paix, et
s'est dissoute sans nommer d'électeur : le ministre de la justice peut fournir la preuve
de cette violation, puisque le procès-verbal
des séances de cette assemblée est entre ses
mains. Une nullité aussi positive se trouve,
on ne sait pourquoi, démentie par le rapporteur, à qui probablement les citoyens
Gambier et Bekker n'ont représenté que
le procès-verbal de la seconde assemblée
primaire, tenue à Turnhout le 19 germinal.

Il est encore une observation importante.

Le rapporteur trouve étonnant que l'assemblée électorale n'était composée que de dix membres ; sans examiner de quel côté est le droit , il l'appelle minorité , parce qu'il suppose une scission qui n'existe pas : la proportion numérique ne pouvait se porter au - delà de cette quantité , puisque le résultat des inscriptions au registre civique n'en avait pas déterminé d'autre. Il s'agit de considérer de quel côté se trouve l'observance de la constitution et des lois organiques ; le nombre disparaît alors , et l'équité reprend sa place. Ce fait posé , nous ne sommes point du tout effrayés du nombre pompeusement annoncé de vingt-sept individus , qui se sont arrogés et prétendent conserver la représentation légale du peuple du département des Deux - Nèthes ; nous sommes au contraire surpris que les élections des secondes assemblées , dites primaires , n'aient pas produit un plus grand nombre d'électeurs , à raison de la facilité qu'avaient tous les citoyens de s'y présenter , ceux mêmes qui déjà avaient exercé leurs droits dans les premières assemblées qu'autorisait la loi.

A. B. Beerenbroek, député au conseil des anciens.

A. J. Frison, député au conseil des cinq cents.

www.ingramcontent.com/pod-product-compliance
Lightning Source LLC
Chambersburg PA
CBHW061712060726
47597CB00006B/2322